Doris Oswald

Do guck naus

Mit besten Wünschen Doris Oswald

Doris Oswald

Do guck naus

Schwäbische Gedichte

Silberburg-Verlag

Doris Oswald
ist 1936 in Metzingen geboren und ihrer Heimatstadt treugeblieben. Sie ist Autorin von zahlreichen schwäbischen Publikationen und wurde 1992 mit dem Sebastian-Blau-Preis ausgezeichnet. Doris Oswald bestreitet Jahr für Jahr zahlreiche öffentliche Auftritte im gesamten schwäbischen Sprachraum als ausgelassene Humoristin und sanfte Poetin.

1. Auflage 2011

Umschlaggestaltung: Anette Wenzel, Tübingen,
unter Verwendung eines Fotos von Sabrina Oswald.
Druck: Gulde Druck, Tübingen.
Alle Fotos von Sabrina Oswald.
Printed in Germany.

ISBN 978-3-8425-1123-1

Besuchen Sie uns im Internet
und entdecken Sie die Vielfalt unseres Verlagsprogramms:
www.silberburg.de

Inhalt

Do guck naus

Guck naus en Dag,
guck naus ens Licht,
no siehscht, wia d Sonn
durch d Wolka bricht,
wia d Wiesa lieget
do em Glanz
dromrom dia Wälder,
wia a Kranz,
ond ganz verschteckt
a Dörfle klei.

Des Bild könnt gar et scheener sei!

Max der Rentner

Er lupft da Vorhang ond guckt naus.
S Wetter sieht et bsonders aus.
Aufem Dach dr Wetterhah'
fangt mit schpekuliera a,
schtreckt da Kopf ens Nebelloch,
koi guets Zoiche, sieht ma doch.

Des hoißt, so wia s aussieht heit,
dass vielleicht gau nomol schneit.
Deshalb lot'r s Schaffa sei,
leit wieder en sei Bettlad nei.

Ond schloft, wia sei Kater Nene,
nomol ei bis halber zehne.

Schiff ahoi

S regnet wia mit Kübel gschüttet,
so jagt ma koin Hond auf d Gass.
Oiner schtolpret aus dr Wirtschaft,
dubblet weiter, wird soichnass.

Hebt sich amma Kutteroimer,
schreit em Falla: Schiff ahoi!
Hangt nach vorna ond nach henda,
schlägt da Kopf auf amma Schtoi.

Ond er batschet, schleglet, ruadret,
er kommt oifach et auf d Fiaß.
Do auf oimol salutiert er:
Saget älle viele Griaß.

I gang vor dr Reblaus onter
nochra hoißa, wilda Nacht.
Rettet d Fraua, s Geld ond d Kender.
I sag nix meh! Jetzt guet Nacht!

Mittla drenn em Februar

Kommt a warmer
Sonnaschtrahl,
schleicht verliabt
oms Haus,
schlupft a Bleamle,
winzig klei,
ausem
Boda raus.

Schtreckt sei Köpfle
naus ens Licht,
macht sei Blüet
voll auf,
guckt verträumt
ens Frühlingsblau
an da Hemmel
nauf.

Pfeift a kalter
Wend daher,
so a richtig
rauer,
jetzt hengts Bleamle
s Köpfle na,
hilflos
an dr Mauer.

Suacht dea warma
Sonnaschtrahl,
kanen
nemme fenda,
mittla drenn
em Februar
lot sich
s Bleamle blenda.

Aus isch mit 'm
Frühlingsblau,
s Bleamle
ka oin daura,
ma sieht s jetzt
em kalta Wend
vor sich ane
traura.

So a Sauwetter

wenne jetzt rauskrebsle
ausem Bett
no fangt r wieder a
dr nuie Dag

o je
der hengt heit aber
s Gsicht schee na
ischt nasskalt ond triab
do könnte grad
no a Weile liegableiba
em Bett
en dr Wärme

aber noi i sott raus
en d Kloider
en d Schuah
zom Metzger
ond Bäcker
zo älle wone heit na
mueß

deswega
ond dir grad zom Bossa
du nasskalter Siach
lass i mi et abhalda
i werd mit dir fertig
du triaber Denger

i trenk jetzt en hoißa
Kaffe
ziag en dicka Kittel a
nemm da Regaschirm
ond gang

Schpaziergang em Rega

Dr Hemmel ischt oi grauer Sack,
er hellt sich au et auf.
S hangt älles triab ond regaschwer,
i guck an d Wolka nauf.

Zmol sengt a Vogel wonderschee
für mi sei Tirrili,
ond a baar andre zwitschret mit,
au wenn i dia et sieh.

Was will i no, des ischt doch gnuag,
solang a Vogel sengt,
do woiß i, s geit no manches Glück,
des oim am Weg dra wenkt.

Ond schüttets au von oba ra
ond ischt au älles grau,
wenn d Wolka wieder offa send,
molt d Sonn da Hemmel blau.

Dr Kruscht macht hoimelig

Wenn morgens i em Sessel sitz,
dr Dag kommt rei en d Schtub,
wenn s auf dr Schtroß no ruhig ischt,
ma hört koi Autohub,
no träum i mittla en meim Kruscht,
guck jedes Schtückle a,
ond schtell mr s vor, wia s domols war,
do han a Fraid i dra.

Dia viele Engel, Vasa, Krüeg,
dia Bilder ond no meh
ond meine alde Puppa no,
des fend i oifach schee.

S hockts Leba drenn vo hondert Johr.
Verzähla ka a jedes Schtück.
De alt Verwandtschaft auf ma Foto,
dui wenscht mr wieder heit viel Glück.
Drom lasset mir, des sag i emmer,
den viela Kruscht halt om mi romm,
bis i amol, au emma Rahma,
vielleicht en so a Schtub neikomm.

Hoscht n gseha

Guck jetzt kommt r
übern Hügel,
d Dascha voller
Blomazwiebel,
treibt da Wenter
vollends naus
ausem Schtädtle
hentrem Haus.

Hengt an d Weida
Perla na,
d Sonn lacht warm
ond freut sich dra.

Ond dr Wend,
der schelmisch Denger,
schtreichlet oin
mit seine Fenger,
weht oim ond hockt
nei ens Gras
Veigelesduft onder
d Nas.

S wird Frühling

Nach lange
kalte Wenterdag
wird d Sonn
scho wieder keck,
se schaicht
mit ihre warme Ärm
da Wenter
vollends weg.

Am Hang
schpicket scho d Veigela
aus ihre
Neschter raus
ond d Schneeglöckla
versammlet sich
ond schnadret
vorem Haus.

Jetzt ka ma s schpiera,
s goht voll schnell,
s goht aufwärts
jeda Dag,
dr Frühling schickt
sein Gsangverei,
der zirpt
am grüna Hag.

Ond d Schlüsselbloma
schliaßet scho
oims Paradies
voll auf,
se lachet jetzt
am Schpalerbach
verliabt
en d Wolka nauf.

S letschde Mittel

Wenns Frühling wird, no pfupferlets
halt manchen alda Sender,
wo hendrem Ofa ghocket ischt,
da liaba, langa Wenter.

'r bendet sei Krawättle rom
ond ziagt sich fetzig a,
schtolziert wia Pfau em Schtädtle rom
ond zeigt, was er no ka.

Er lacht de scheene Mädla a,
verliabt wia einscht em Mai,
doch auf sei saudomms Lettagschwätz
do fällt halt koina rei.

Drom setzt r sich beim Sonnaschei
em Schtadtpark auf a Bank
bhäb neba a jongs Mädle na,
verzagt ond liabeskrank.

Dui liest grad emma Sexreport,
zmol schwätzt se zonem nom:
De allerneuescht Schtudie,
do haut s oin schiergar om.

Ha des ischt jo hochinteressant,
koi Inder, koi Albaner,
de beschte Liabhaber dr Welt
send d Schwoba ond d Indianer.

Do moint r grad, er hör et recht,
des kommt m jetzt wia gschliffa,
drom hot r zemlich oscheniert
zom letschda Mittel griffa.

Liabs Mädle, schreit r ond schprengt auf,
i schwör dr s bei meim Leberle,
mit mir, do wärescht fei et bschissa.
I be dr Sioux Häberle.

S goht nix über d Liabe

wenn au
dr gemeinsame
Weg
irgendwann
amol
aufhört

Beim Gsangverei

A Daschadieb ischt au do gwea,
hot nach ma Plätzle guckt,
ond wianer nebem Pfarrer sitzt,
do hot s en wieder gjuckt.

Er schtiehlt em Pfarr sei goldna Uhr
ond schiabt se dapfer ei.
Am Brunnen vor dem Tore,
sengt grad dr Gsangverei.

I han a goldnes Ührle klaut,
beichtet dr Daschadieb.
Dr Pfarrer secht: Gib es zurück
und zügle deinen Trieb.

Der Kerle legt des Ührle na:
No nemmet Se se halt,
denn i han d Fenger ab ond zua
halt et en meiner Gwalt.

Dr Pfarrer secht: Ich will sie nicht,
gib sie dem Besitzer.
Der will se nemme, secht dr Dieb
ond lachet emmer knitzer.

Wenn so ischt, moint dr Pfarrer drauf,
darfscht du sie behalda.
No bleibt, lacht jetzt der Schpitzbua naus,
älles jo beim Alda.

A bissle verweila

seha wia d Lauter zwischem
hella Grün vom Frühling
pflätscheret ond gluckeret
bevor se gschwätzich weiterlauft

ond a alts Baurahaus
des viel verzähla ka

do leit a Melodie en dr Luft
dui oims Herz gwärmt
ma könnt grad moina dass do
d Zeit schtanda blieba ischt
ond d Hektik en Boga
dromrom gmacht hot

No et nochlau

i wär jo domm
wenne aufgä dät

solang i no
meine Aibiera selber
apflanza ka

kauf i koine

S Klageliad vonra Pralinaschachtel

I ben als Weihnachtsgschenkle
em lila Glanzpapier
schee ondrem Chrischtbaum glega,
han denkt, wer langt nach mir.

Mi kriagt a Tante Frieda,
dui mi scheints gar et mog.
A Wai wär dera liaber,
des ischt ganz außer Frog.

Drom hot se mi an Neujohr
glei wieder weitergä
an d Anna, descht ihr Putzfrau,
ha des ischt doch et schee.

De sell hett mi scho möga,
doch i ben dera z schad.
Jetzt liege en dr Schublad.
Wia lang? I warte grad.

Em Februar, am achta,
do macht dui ihren Bsuach.
Se legt me auf da Tisch na,
als Beigab zoma Buach.

Ab do wird s wieder ruhig,
i lieg, s ischt allerhand,
bis sieba Dag vor Oschtera
ond werd scho weiß am Rand.

I merk, i ziag me zema,
i trockne langsam aus
ond hoff, i komm jetzt endlich
aus dr Verpackung raus.

An Oschtera do wicklet
se mi en neus Papier.
I komm mit rosa Schloifla
zu Zuckerhasa vier.

A Mädle will me essa,
des schreit auf oimol auf,
mi kenn ma jo vergessa,
auf mir häb s Schemmel drauf.

Se schmeißet mi zom Abfall
en Kutteroimer nei,
dabei war i von Haus aus
ganz guet ond extra fei.

Was soll ma do no saga,
s kommt anders, als ma denkt,
mi hent se emmer wieder
halt bloß de Falsche gschenkt.

Em Flecka ganget d Läda auf

Dr Helmut hot en Goißbock gwonna
beim Benokla em Lamm,
er nemmten hoim ond bendeten
em Garta anen Schtamm.

Am balda Morga freut er sich,
er will den Kerle melka.
S halb Soil hanget am Schtamm no dra,
dr Bock schtoht en de Nelka.

Ond wienerm so noch onda greift,
do fangt der a mit bocka,
drom hangeterm an d Hörner na
em Liega halb em Hocka.

So schprenget dia zwoi d Bachschtroß nauf,
dr Morga wird jetzt heller,
em Flecka ganget d Läda auf,
dr Bock wird emmer schneller.

Ond Bäcka Kurze sieht et guet,
se schreit zor Nochbre nom:
Dr Helmut fährt em Schlofazug
aufra Suzuki rom.

Manchmol

abschalda könna
d Hektik auf d Seit schiaba
ond sich da Zauber
voma Augablick gönna
zom Beispiel
emma Schmetterling
zuagucka

sag jo et
dass de des et kascht
sonscht schprengt dr
s Leba davo
no bischt a armer Deifel

D Hos, onser Hos,
de Metzinger ihr gemeinsama Hos

Wia se so dohanget
bei Wend ond Wetter,
verroschtet ond schterch,
amma Drohtsoil
zwischa zwoi Eiseschtanga.

Was hend se sich scho
über dui Hos d Mäuler verrissa.
Wo ma se s erscht Mol aufghengt hot,
ischt de halb Schtadt Kopf gschtanda.
Sogar de Auswärtige hend
no ihren Senf dazua ge,
aber wia s so schee hoißt:
Mit dr Zeit gwöhnt ma sich an älles.

No isch schtiller worda om dui Hos.
Mir ische sogar a bissle
ans Herz gwachsa.
Se hot so a richtig scheena
Patina griagt.

Wo se da Lindaplatz ombaut hent,
hot se zmol gfehlt,
oifach so gfehlt.
Se ischt wia vom Erdboda
verschwonda gwea.

A paar Naimolgscheite hend
omanander gschwätzt,
dass ma se jedafalls wieder hälinga
ennra Nacht- ond Nebelaktion
verscherblet häb,
wia domols onser alts Brückagländer.

Doch i han glei gwisst,
dui Hos,
onser Hos,
nemmt ons Metzinger
so leicht koiner weg.

Ond siehe da: Auf oimol
ische wieder ghanget.
Verroschtet ond schterch
wia eh ond je,
amma Drohtsoil
zwischa zwoi Eiseschtanga
auf onserem omgeschtalteda
Lindaplatz.

Eigentlich könntet mr jo schtolz sei,
auf dui Hos,
denn welcha Schtadt hot scho so a Hos,
a gemeinsama Hos,
en de Anlaga hanga,
außer ons Metzinger.
En Reutlinga, do leit höchschtens
amol oina henter de Boscha.

Ond ois ischt au sicher,
bei dera Hos braucht ma koi
Angscht han,
do platzet d Tascha et naus
ond d Naht an dr Grattel
goht au et auf.

Doletschde send sogar
zwoi Japaner vor dera Hos gschtanda,
mit Riesagugga en de Händ,
ond dr oi hot zom andera gsagt:
Siesch:
mit sora Hos hot dr Boss agfanga
ond heit macht r ganze Azüg.

A giftgrüns Däschle

(Für Sabine)

Seit mir en Metzinga s Mekka vom Fabrikverkauf send, liegt über onserer Schtadt a internationales Flair. Bei ons goht s dronter ond drüber.

Auf Schwäbisch: Bei ons ischt dr Deifel los.

Doch was mir doletschde bassiert ischt, des schlait em Fass da Boda naus.

Ruaft do oina von dr Zeitung a, i soll gschwend vorbeikomma, se welle a Bildle von mir macha für mei neus Buach.

Führ me au gschwend nonter, hanne zo meim Ma gsagt, mit m Auto goht s schneller als wia mit meim Fahrrädle.

Auf dr Redaktion send se zo zwoit om mi romgfueßlet, hent me agleuchtet ond von älle Seita fotografiert.

Oh, hanne denkt, wone wieder rauskomma be, s wird jo au oi Bildle ebbes worda sei. Vor Seit siehscht et grad guet aus ond von onda rauf au et ond überhaupt – vielleicht hette en Huet aufsetza solla, der reißt me ällamol raus.

Mit so Gedanka bene d Trepp zor Schtroß nonter ond han scho wieder des weiße Auto von meim Ma em Visier ghet.

I han me no gwondret, dass des jetzt an ma andera Platz schtoht. Aber no bene halt eigschtiega wia ällaweil, han s Blüsle glattgschtricha ond da Hosaknopf aufgmacht. Wiane so richtig bequem gsessa ben, hanne auf oimol des giftgrüne Schtoffdäschle am Fueßnet von meim Sitz gseha.

Ja wia, hanne denkt, wo kommt denn des her?

Auf oimol ischt mr dui onatürlicha Schtille aufgfalla. Der hot doch sonscht s Radio laufa ond frogt glei, wenne komm, was los gwea ischt. Vorsichtig hanne zonem nomgschpickt.

Jetzt hot mi doch schier dr Schlag troffa.

I han gmoint, i sieh et reacht, hocket do a leibhaftiger Chines aufem Fahrersitz ond muschtret mi mit seine Schlitzauga. Aber wia! Genau so wia en dene Kriagsfilm. Er hot sich zammaduckt, gega d Fahrerdiar gloint, wia wenn a Katz aufem Schprong ischt. Lautlos ond schtomm.

Ja schlag mes Blechle, ha des derf doch et wohr sei, des geit s doch et.

A Chines, a leibhaftger Chines ond i sitz daneba.

Do han i aber d Diar aufgrissa, ben zo dem Auto naus, han »Sorry« gschria ond ben schier no über en Kenderwaga neighaglet.

Wone no schpäter mit meim Ma anem vorbeigfahra ben, hanne a bissle d Hand glupft ond hannem nommgwonka.

Do ischt a kleis Lächla über sei Gsicht gloffa, aber au bloß, wia wenen a Muck kitzla dät.

Wer woiß, was der denkt hot, hanne denkt, der arm Kerle.

Seither schtoßt mr dui Farb Giftgrün emmer a bissle oagnehm auf.

Schee wär s

jetzt wo sich d Sonn
verdruckt hot
dr Dag en Obend
nommgschlupft ischt
wo s überall nach
Zyrenka schmeckt
an dem wonderscheena
Maiadag

do wette grad nomol
dositza
mit dir dositza
auf onserem Gardamäuerle
Plä' schmieda
ond dei Hand heba

bloß – du bischt halt
nemme do
jetzt wo dr Mond
vorkommt
ond d Wehmuet
mi eiholt

D Liebe

i mueß weiter
hot se gschria
d Liebe
ond ischt auf da Zug gschpronga

se ischt abbraust
ond en viele
Bahhöf
dahoim gwea

se kommt wieder
hot d Sehnsucht tröschtet
se kommt gwieß wieder
wenn au enra andera Gschtalt

Onser Herrgott

dia wonen henter
de Schtern suachet
suachet en omasonscht
er ischt do bei ons
ischt om ons rom
nemmt ons
bei dr Hand
wenn mr s wellet

er ischt d Sonn ond
d Wärme
Zuversicht ond Troscht
ischt Halt ond Schtärke
ischt Frieda

A Rengelnatter

Auf meim scheena Perserteppich
kriacht a Rengelnatter.
I werd hyschterisch ond schrei naus:
Liaber Gott ond Vadder.

Was dure bloß? Des ischt a Graus!
Jetzt fangt des wieder a,
dass des mei Kater, heidanei,
oifach et lassa ka.

I schpreng wia narret aus dr Schtub
ond schrei zom Nochber nomm:
Johannes, komm so schnell de kascht,
do krabblets wieder romm.

Der kommt glei mit seim Oimerle
ond packt des Tierle gschwend.
Uuuh, schreie, trag se jo weit fort,
dass ma se nemme fend.

Du Saukerle, verschempfe d Katz,
des wille nemme seha,
wenn du des jetzt et bleiba loscht,
no isch fei om di gscheha.

Der guckt me a ganz schuldbewusst,
no trottlet r davo,
dass heit sei Gschenk misslonga ischt,
des merkt r an meim To.

Loslassa

des muescht kenna
hot se gsagt
ond ihr Haus
de Jonge vermacht

jetzt jomret se
se häb nix meh
zom saga
sei übrig
ond sitz
aufem Trockena

S goht weiter

Wer secht s denn,
dass et weitergoht,
wenn d Verzweiflung
s Herz eischnürt?

Schtoht et jeda Dag
au d Natur
zo neuem Leba auf

Blühet et grad jetzt
d Rosa,
dia mit ihrem Duft
onser Seel schtreichlet?

Sonn ond Wolka

doliega, em Liegeschtuehl,
träuma ...
ond durch d Kirschabaumzweig
an Hemmel naufgucka

schpiera wia d Sonn
ronterschticht
ond oim da Sommer
auf d Haut brennt

seha wia sich d Wolka
zammaziehet
a Gebirge aufbauet
d Sonn omzinglet
ond verschlucket

em Schatta liega
a leichts Wendle schpiera
ond warda
bis d Sonn wieder rausdruckt

descht a Wechselschpiel
von dr Sonn ond de Wolka
ond grad so
ischt au s Leba

Hallo Sommerdag

lachscht aus de
Wiesabloma
guckscht de Hommeler zua
loscht d Glockabloma
leuchda
ond Rengeltauba gurra

wenkscht mr
außem ausbloichda Gras
verdoilscht dei Hitz
mit volle Händ
ond legscht mr
dein schtaubiga Feldweg
vor d Fiaß

Sommerschpura

heit
nach viele Johr
benne wieder
über onser Wies gloffa

mittla drenn
en de Schtorchaschnäbel
Margretla ond Hahnafiaß
hanne en Gedanka
no oimol
onser Plätzle gsuacht
doch mei Erinnerung
ischt ennra Dornaheck
hangablieba

gschwend
hot me s gschtocha
hot mr weh do
doch no hanne
zwischa de Dorna
onder viele Knoschba
a wonderschees Rösle gseha
voll aufbliaht
ond scho a bissle am nommganga

dr Wend ischt om s romgschtricha
hot m flattiert
ond d Sonn hot s
mit ihre letschde Schtrahla gwärmt

bevor sich dr Obed
grad so wia domols
samtich woich ond voller Wonder
auf d Wies glegt hot

Ausgruaba

d Auga zuamacha
ond a bissle
dossa

mit de Gedanka
davofliaga
sich ganga lau
entschpanna

ond no wieder do sei
mittla em Leba
mit neuer Kraft

A Kuckucksoi

D Frau Maier
leit em Wochabett,
se kriagt en
gsonda Bua.
Ihr Ma freut sich
wia et ganz gscheit
ond guckt
dem Biable zua.

Doch ois,
des ischt verwonderlich,
des Biable
ischt arg donkel,
ond mit dr Zeit,
des bleibt et aus,
do geit s halt
a Gemonkel.

Se wäschet n
ond wäschet n,
der Kerle
wird et weiß.
Siehsch, schempft dr
Maier
mit seim Weib,
guck na,
des ischt dr Preis.

Des kommt von deim
ziag d Vorhäng zua,
dass ma beim Gschäft
nix sieht,
dass onser Biable
donkel ischt,
des ischt jetzt
s End vom Lied.

D Cordhos

A Witwe schüttlet d Cordhos naus,
friahmorgens von ihrm Ma.
O Jakob, schreit se, jetzt bischt fort,
ond heulet vor sich na.
Do lauft dr Pfarr des Wegs daher,
secht, Fraule, gell s ischt schwer.
I geb en jetzt den oina Rat,
holet Se d Bibel her.
Do schtoht für Sia a guader Troscht.
O, secht des Weib, i wett,
was en dr Hos drenn gschtanda ischt,
schtoht en dr Bibel et.

Zwoi Schwätzweiber

O Frau Schwertle,
jetzt hent Se mr aber
wieder viel verzählt.

Jetzt benne em Bild,
jetzt woiße wieder s
Neueschte.
Ma sott s et glauba, was
heitzudag älles bassiert.
Ond sonscht?
Ischt des älles?
Wisset Se mr jetzt
nix meh?

Noi, i hannen scho
weiter verzählt,
als dasse woiß.

A Schpaziergang

Am Tisch secht dr Vadder
zo seine Kender:
Mir brauchet koi Auto,
s Laufa ischt gsender.
Wenn dr Opa ens Gras beißt,
no hemmer erscht Geld.
Bis do na mueß so do,
so isch auf dr Welt.

S Wetter ischt schee heit,
et z kalt ond et z hoiß,
drom secht dr Opa
zom Enkel: Wer woiß,
ob s morga so guet ischt,
komm, mir laufet los.
I schlupf halt no gschwend
en a bessera Hos.

A halba Schtond schpäter
secht dr Opa zom Bua:
Do hemmers doch herrlich
ond a friedlicha Ruah.

Se laufet am Hofbühl
an de Wiesa entlang
ond zmol rupft dr Opa
en Grashalm vom Hang.

Er nemmt en ens Maul
ond beißt aufem rom,
s Büeble guckt gschpannt
zo seim Opale nom.
Wieder dahoim secht dr
Bua zo seim Vadder:
Dr Opa hot bissa,
descht fei a Glatter.

Du Vadder, i sag dr s,
des han i gnau gseha,
des ischt a richtiger
Grashalm fei gwea.
Ond jetzt kascht du endlich
dei Auto glei kaufa.
Mir könnet en Urlaub
ond brauchet et laufa.

FKK am Baggersee

Zwei Fischreiher am Baggersee,
dia sitzed nebanander,
auf soma Maschda voma Schiff,
ond gucket omanander.

Zmol lupft dr oi sein Fedrakopf:
Du, schpick amol do nonter.
Do sauet se jo nacket rom
ond send dabei recht monter.

Hent henda nix ond vorna nix,
ha des send scheene Knauser.
Was, pfeift dr ander, siehsch denn s et,
dia send doch en dr Mauser.

Des hot gar neamerd gmerkt

Was, der? Der ischt gschtorba?
Jetzt kane gar nemme!
A baar Monet seier so doglega
ond neamerd häb'n vermisst.

D Mitbewohner hent doch aber
emmer Händel mit em ghet,
wenner d Tauba gfüttret,
dr herralosa Katz a Milch nagschtellt,
da Radio z laut aufdreht hot
ond ab ond zua mit ma Dullo
hoimkomma ischt oder em Sonntichs
sei Dreckwäsch nausghengt hot.

Ha jo, da ganza Wenter über
isch ruhich gwea beiem.
Ma hot sich no gwondret,
dasser sei Kehrwoch et macht,
aber des hot r jo sonscht au et do.

Ma hett halt doch amol beiem
neigucka solla.
Soo! Soo! Oh je ...
Dees hette jetzt au et denkt.

Ackerschnalla

feuerrote
wilde
molet da Sommer
ens Feld

schpielet mitem Wend
leuchtet am Hang
flackret
gloschtet
en de Ährafelder

ond verschenket sich
en dr Gluethitz
am Wegrand
ond Ackerroi

A saubera Familie

Dr Vadder ond d Mudder
ond d Oma ond s Kend,
mitnander mol wieder
auf Wanderschaft send.
Se schtieflet em Wald rom
durch Laub ond durch Dreck.
Em Vadder seim Rucksack
hot s Brot, Schnaps ond Schpeck.

Dr Vadder schnitzt Schtecka,
s Kend fällt en Bach,
d Oma schaichts Wild auf
ond d Mudder schlait Krach.

Glei drauf hairt ma d Oma:
Do schtracka mr na,
i gang koin Schritt weiter,
weil i nemme ka.
Se pflatschet zo viert auf
da Deppich drauf nauf
ond d Oma macht sofort
da Schnapskolba auf.

Dr Vadder qualmt d Zigarr,
s Kend quenglet rom,
d Oma duet schnäpsla,
dr Mudder wird s z domm.

So goht des grad ane,
no packet se ei
ond schüttlet da Abfall
ens Onderholz nei.
Drauf dappet se weiter,
dr Nas nach em Wend,
dr Vadder ond d Mudder
ond d Oma ond s Kend.

Dr Vadder verschwendet,
d Mudder muss au,
s Kend rupft jetzt Bloma
ond d Oma ischt blau.

Zmol hairt ma se lalla:
So jetzt isch bassiert.
S Gebiss ischt beim Deifel,
jetzt semmer bitschiert.
I hann s vorher rausdo,
mi hot s emmer druckt,
ond hann meine Riebel
halt obissa gschluckt.
Ond ihr allmachts Bachel,
ihr send jo et gscheit,
hent d Zäh mitem Abfall
ens Onderholz keit.

Dr Vadder, der döbret,
d Mudder ischt bloich,
d Oma hengts Maul na,
ond s Kend kriagt jetzt Schtroich.

Se roiflet wia bsessa
ond suachet dea Platz,
se schärret ond buddlet,
s ischt älles für d Katz.
Mir schtenkt s, i will hoim jetzt,
was ihr emmer hent,
dr Opa hot au Zäh,
dia langet, heult s Kend.
Ha freile, sait d Oma,
dia dädes mr au,
jetzt nix wia zom Wald naus,
dr Nachtgrab kommt gau.

Drauf scheget se hoimwärts,
so langsam wird s kalt
ond zrückglassa hent se
en Sauschtall em Wald.

Rosemarie Bauer und Doris Oswald

Hondsdag

was Schwemmbad
i hocke
en mei Regawassertonn
nei
no kane
nochher
oineweg no
meine Rettich
giaßa

A Owetter

S goht a leicht verweges Wendle
ond am Albrand triabt sich s ei,
erschte Tropfa fallet ronter,
s kommt a Gwitter überrei.

S Wendle wird zmol schtark ond heftig,
d Tropfa fallet dicht ond schwer.
D Schtroßa send jetzt samt de Trottwar
auf oin Schlag fast menschaleer.

S fangt a wia mit Kübel schütta,
s klepperet, a Bix hopst rom,
s wird kuahnacht, dr Schturm peitscht d Tanna
gnadalos zom Nochber nom.

Greller Blitz ond dompfer Donner,
ma kennt denka, jetzt goht s aus.
Ond zmol guckt am weita Hemmel
wieder a blaus Fleckle raus.

Wo des Owetter vorbei ischt,
secht a Weib zo ihrem Ma:
Richard, du muescht d Äscht wegsäga,
dia klopfet ans Fenschter na.

Was, schreit der, des will i seha,
schprengt wia wild en Garta naus
ond do sieht r, halb entwurzlet,
loint sei Zwetschgaboom am Haus.

A Angschthas

Mei Vadder, secht a Bua zor Dande,
leit bei dr Nochbere ens Bett,
emmer wenn mei Muader fort ischt.
Wenn der bloß dui Angscht et hett.

Des ka ma doch schier et glauba,
so a großer, schtarker Ma.
I schlof doch au ganz alloinig.
Wia ma bloß so Angscht han ka.

Vergesslich

kommscht au – hanne zo
meim Schualer gsagt
wonen gseha han
heit Obed hemmer fei
onser Feschtle

s ischt guet, dass de me
erinnret hoscht
secht r
i mach glei en Knopf
ens Daschaduach

komma ischt r et

aber r hot sich sicher
gwondret
über den Knopf
en seim
Daschaduach

So fangt s a

Wenne no wisst,
wase grad wella han,
denke, wiane d Kellerschtiag
nonter be.
So fangt s a,
secht a Schtemm
en mr drenn.

Jetzt bloß ruhich bleiba,
et durchdreha,
d Gedanka ordna,
en de neihorcha
ond nochdenka –
ond no fällt mr s wieder ei,
dasse doch eigentlich
auf d Behne nauf wella han.

So fangt s a, denke,
jetzt goht dr s bald
wia em Heiner,
der hot da ganza Dag
sei Nachthemed gsuacht ond
erscht obends, woner ens Bett ischt
ond sich auszoga hot,
hot r gmerkt, dasser s jo
de ganz Zeit aghet hot.

Mei Wandschpiegel

En den guck i bald
nemme nei,
der ka oim afanga
jeda Fraid versaua,
der hält au nemme zo mr.

Früher ischt r
no aschtändiger gwea
ond hot me et so bloßgschtellt.
Heit zeigt r mr Schtella,
dia i überhaupt
et seha will.

Was ganget denn den
meine Ronzla a,
was mueß denn der
auf meine Fettpolschter romreita,
wo i doch für den fascht
jeda Dag em Wald
romgroiflet be ond hendadrei
reacht Honger kriagt han.

Was han i et älles scho
für den do.
Ond der ka oim bloß
de ganze Illusiona hemacha.
Jetzt zeigt r mr no,
wiane an meim teura Kloid
da Hendra nausschtell.

Jetzt langt mr s, mit dem
hanne me gärgret gnuag.
Was glaubt denn der.
Jetzt benne dahenter komma.
I setz oifach koi Brill me auf,
wenne ennen neiguck.

No ischt der zfrieda
ond i au.

Gerschdahalm ond Ackerwinde

A schtarker, schtolzer Gerschdahalm
schtoht einsam emma Feld,
bis a kleina Ackerwinde
sich hot zonem gsellt.

Se klettret langsam anem nauf
ond wickleten ganz ei,
so danzed se en Sommer lang
dags ond em Mondaschei.

Bei Gwitter, Rega ond em Schturm,
do hangt sui anem dra,
er gibt ra Halt, se hebet sich,
schlupfet anander na.

Dr Sommer schenkt sei hoißa Gluet,
legt Reifa nei ens Feld,
zor Winde ond ihrm Gerschdahalm
en ihr so kleina Welt.

Ond amma Morga, s leit no Tau,
beim erschda Sensaschnitt,
dr Gerschdahalm am Boda leit,
er nemmt sei Winde mit.

Nach soma kurza, scheena Traum
verwischt sich schnell dui Schpur,
vor Winde ond ihrm Gerschdahalm
em Kreislauf der Natur.

Kleider machen Leute

Ma, du siehscht von henda no so jong aus, hot se gsagt, wo se vom Geburtsdag hoimkomma ond zor Hausdiar nei send.

En dr Schlofschtub, wo sen no von vorna gseha hot, secht se nomol, richtig guet siehscht heit aus.

Er hot sich a bissle en de Hüfta gwiegt, hot en d Kitteldasch neiglangt ond verlega sei Nas enna Schtoffdaschadiachle neiputzt, des se no nia gseha hot.

Wo hot r denn des her, hot se no denkt.

Auf oimol hot r a hellblaus Fläschle en dr Hand ghet. Er hot a bissle glachet ond amisiert des Fläschle aguckt, hot mr doch do oina a Parfüm en d Kitteldasch gschteckt.

Jetzt hot sen doch a bissle gnauer visitiert. Ischt r denn em zwoida Frühling?

Se hot n zmol kritisch gmuschteret.

Doch no hot se befreit nausglachet.

Ma, du schteckscht jo emma falscha Kittel! I han glei denkt, do ischt ebbes faul. Du kascht doch et auf oimol so jong ausseha.

Se send schnell wieder los.

Wianer no dea Kittel an da Hoka ghengt hot, ischt r gschwend ganz nochdenklich worda.

Es send no a baar jonge Kerle doghocket. Oim davo wird der Kittel scho ghört han.

Eigentlich schade, secht se, komm, alter Kerle.

Schpäter em Bett secht r zmol: Eigentlich könnte mr au mol wieder en neua Kittel kaufa.

Des hot se scho lang nemme vonem ghört.

S Bänkle schtoht em Nassa

Dr Herbscht blost übers Schtoppelfeld,
dr Sommer ischt davo,
ond schtatt de warme, milde Nächt
weht jetzt a schärfrer To.

Da Garda ziert a Quittaboom
mit quittagelbe Quitta
ond d Häfa mit Gerania
hent über Nacht scho glitta.

Es schtandet a baar Aschter do,
a Sonnablom, a blassa,
em Kandel danzed Blätter rom
onds Bänkle schtoht em Nassa.

Ma ziaht a wärmers Weschtle a
ond moit, s werd wieder schee,
dui Hoffnung ka ma bleiba lau,
dr Sommer ischt passé.

D Verwandtschaft

se hent sich d Mäuler
übern verrissa
r sei a Weiberheld
ond Saufbrueder gwea
a Nixnutz ond Dagdieb –
dr Gottlob
a ledigs Kend von dr
Dande Ida –
des verzählet se heit no

aber dasser em Fuhrma
seine dürre Gäul hälinga
Brot brocht
ond seiner Mudder
oft a Schträußle
aufs Grab glegt hot

von dem schwätzed se nix

Herbschstdag

goldener
schtrahlender
schpieglescht de
en dr Oktobersonn
loscht d Natur
aufleuchda
ond zaubrescht
mit de Farba

doch d Felder
send scho leer
ond d Eichelhäher
schreiet en dr Luft
morga schtoht no wieder
dr Nebel en de Wiesa
ond dr Wend
lauret hentrem Berg

s Johr lot sich et verschiaba
ond d Dag jaget d Zeit

Do schtemmt ebbes et

Von meine Krischtallgläsla,
wertvoll ond schee,
send leider fascht älle
am Rand oba he.
Do schlait s doch gau dreizeh,
do mueß ebber sei,
do beißt oiner häling
en d Weigläsla nei.

Jetzt kommt grad dr Nochber,
den ziagt s heit zo mir.
Er schleicht durch da Garta,
kommt henda durch d Tüer.
Mir hent a Geheimnis,
mir dudlet äll boid
ond hocket gemiatlich
aufs Sofa zo zwoit.

Mir hanget am Gläsle,
mir süpflet da Wei
ond schlürfeten so wia
Arznei en ons nei.

Mei Nochber ischt glücklich,
scho bläht r da Hals.
Zerscht trenka mr Cannschtatter,
no oin vor Pfalz.

Doch i ben fei wachsam,
ob s der gau et ischt,
ond zmol höres knacka.
Jetzt hannen verwischt!
I gucke wia gschtocha
ond er gucket zrück,
er woiß, i woiß älles,
r sieht s an meim Blick.
Ond no wird r zmol
von dr Gurgel rauf bloich,
er schempft auf dia Zahnärzt:
Dia machet so Schtroich.
Dia schtochret ond bohret,
ond s Hirn fährt schier naus,
dia rüttlet ond reißet
oim d Zäh vollends raus.

No zahlt ma en Haufa
ond merkt erscht da Bschiss,
ma ischt nemme Herr
übers oige Gebiss.
Wenn s so ischt, so sage,
no regscht de et auf.
Em Leba goht älles
anandernach drauf.

Jetzt nemm mr halt Gläsla
vor billiga Sort
ond dudlet mit dene
genau so guet fort.
Ond woischt was, jetzt mach mr
erscht richtig oin drauf,
mir machet en Metzinger
Schwarzriesling auf.

Rosemarie Bauer und Doris Oswald

Vorweihnacht

Do a Zweigle,
dort a Lichtle
ond en Engel
zwischanei,
en de Gärda
d Büsch ond Tanna
leuchtet jetzt,
wenn d Nacht bricht rei.

Do en Niklas,
dort a Rentier,
vor dr Hausdier
an dr Wand,
an de Fenschter
Kerza, Glöckla,
rote Schtern mit
goldnem Band.

Ond am Dag
a hektischs Treiba,
Weihnachtsmarkt ond
Glühweinduft,
brennte Mandla,
Zuckerwatte,
Gwürz von Zemtschtern
en dr Luft.

Älles fiabret
jetzt entgega,
dera Nacht, wo
Hoffnung brengt,
wo ma ondrem
Chrischtbaum wieder
»Freue dich ...«
mitnander sengt.

Ond wenn vom hoha
Kirchaturm
»Schtille Nacht«
klengt naus ens Land,
schwebt a Engel
übrem Schtädtle
ond wenscht
Frieda ond Verschtand.

A kleiner Engel

(Für Irmgard)

I ben übern Flohmarkt gloffa,
s ischt om d Weihnachtszeit rom gwea.
Zmol han i em Lichterschei
en wonderscheena Engel gseha.
Klei, zerbrechlich aus Porzla
lachet der mi freundlich a.

I bleib gschwend a Weile schtanda,
nemm den Engel sacht en d Hand,
do sieh i den brochna Flügel
an seim langa, blaua Gwand.
O, sag i, descht aber schad,
sonscht nehmt i den Engel grad.

Ben versonka en Gedanka,
des ischt mir no nia bassiert,
dass so a kaputter Engel
oifach so mei Herz berührt.
Er ischt echt ond er ischt alt,
deshalb nemmen trotzdem halt.

Glei drauf goht mr s et so bsonders
ond i sieh schier nemme naus.
Do gang i zom Büfett nom ond
hol den kleina Engel raus.
Du hoscht au bloß no oin Flügel,
so fühl i mi jetzt grad au.

I kennt emmer Triabsal blosa
ond wett älles bleiba lau.
Der klei Engel lacht wia emmer
ond des Lacha duet mr guet
ond i moi grad, er well saga,
packs frisch a, s wird wieder guet.

A scheena Bescherung

oder: A guader Dausch

Am Heilga Obend
brengt dr Fritz
en großa Gschenkkorb
ond lacht knitz.
Er schtellten na,
s guckt älles gschpannt,
ond lupft da Deckel
zerscht am Rand.

Do krebslet,
des hört gar et auf,
sieba jonge
Kätzla rauf.
Ja sag amol,
schreit d Muadder naus,
was brengscht jetzt du
oim do ens Haus!

Dia Tierla schprenget
scho wia domm
überall em
Zemmer rom.
Se schpielet,
schlaget Purzelbäum
ond gautschet
an de Vorhängsäum.

Dätschlet an de
Chrischtbaumkugla,
lassets übern
Deppich rugla,
schnurret,
hauet mit de Datza,
lassets Goldlametta
fatza.

Se beißet no
en d Engel nei,
des älles ondrem
Kerzaschei.
Dr Fritz lacht naus,
des hot sich glohnt,
i han dia sieba
Kätzla gholt.

Dia han i eidauscht,
glaubets mir,
für onsren
Kater Kasimir.
Ond der alt Ralle
kennt sich aus,
der fendet wieder
onser Haus.

A Saukälte

Schneehäufa
überall Schneehäufa
wia scho lang nemme
ond a Eiswend
dass oim schier d Ohra
wegfallet
bei dem Wetter
braucht ma a dicks Fell

do ischt a warma
Schtub
so viel wert
wia a Schtückle Brot

Ao des ischt Weihnachta

Manchs Kend hot scho
em Mutterleib
a Kreuz auf seiner Haut
ond wenns auf d Welt kommt
ischt m oft
sei Zukunft scho verbaut

do geit s koi Licht
do geit s koin Glanz
ond ao koin heilga Schei
do heult a kleiner
Engel bloß
verhärmt ens Fäuschtle nei

do ischt koi Schtern
von Bethlehem
ond ao koi warmer Schtall
do ziaht bloß Elend
Angscht ond Not
durch Chaos ond Zerfall ...

Pflegeheim

S hoißt, se häb Alzheimer,
se wiss nix meh.
Deshalb hot ma se nemme
alloi lassa könna
ond en a Pflegeheim do.
Se saget, se kenn oin nemme
ond no sei s et so schlemm,
wenn se et viel Bsuach kriag.

An Weihnachda hent se no aber
doch en Drang verschpürt,
dass ma amol en Bsuach
macha könnt.
Ond weils Wetter so schee
gwea ischt, hot ma Tante
en an Rollschtuahl gsetzt ond
ischt ens Freie mitra naus.

Wo se sich schpäter verabschiedet hent,
hot se zmol gsagt:
Mei oinziger Wonsch en meim Leba
ischt, dasse nomol so a scheena
Schpazierfahrt macha derf.

Wenn oim des et zom Denka geit.